AF372062

Este libro pertenece a

EL GRAN LIBRO DE LA
LUNA

EL GRAN LIBRO DE LA LUNA

Curiosidades, poemas y adivinanzas

Texto de Marcelo E. Mazzanti

Ilustraciones de Judi Abbot

Duomo ediciones

LAS HISTORIAS MÁS GRANDES JAMÁS CONTADAS

Dicen que la Luna tiene dos caras.

O a lo mejor somos nosotros.

Por un lado la admiramos desde que existimos, miramos de noche a esa gran cara redonda y lejana en el cielo y le dedicamos algunos de los poemas, las canciones, las obras más bellas que se han escrito nunca.

Por otro lado, verla es querer conocerla de cerca, soñar con ir allí algún día. Y, en cuanto nuestra tecnología avanzó lo suficiente, lo hicimos.

De esto último hace ya cincuenta años.

Como estamos de celebración, las librerías, tu tele, el cine… se llenan de homenajes. Este libro es uno más, pero uno muy especial (¡y espacial!): es el primero que sepamos que se ocupa por igual de las dos caras de la Luna, la poética que nos hace soñar, y la aventurera que nos hace cumplir nuestros sueños.

Esperamos que te guste.

Al menos tanto como pasear por el campo una noche de verano con una suave brisa y mirar a la Luna.

* * *

Desde el principio de nuestra existencia nos ha apasionado la Luna. ¿Y cómo no iba a hacerlo? Todo lo que veíamos podíamos alcanzarlo, al menos en la tierra; en el agua tardaríamos un poquito más. Menos el cielo.

El Sol estaba claro que sería demasiado caliente. Las estrellas... nadie sabía muy bien lo que eran; algunas culturas creían que eran agujeritos en la inmensa tela que cubría el cielo, y que nos permitían intuir lo que había detrás.

Pero la Luna parecía hecha a medida para nosotros. Parecía muchísimo más grande que cualquier estrella, no tenía pinta de ser tan peligrosa de visitar como el Sol... y era fácil confundirla con un ser vivo, porque tenía un rostro que siempre nos miraba.

(En realidad la Luna no tiene rostro, claro. Es nuestro cerebro humano el que funciona para que le busquemos formas conocidas a todo. A los que les gusta ponerles nombres raros a las cosas lo llaman *antropomorfizar*, y es la misma razón por la que también les encontramos formas a las nubes).

Pronto, en nuestra imaginación, la Luna se convirtió en una diosa para un montón de culturas. Si una religión tiene más de un dios o diosa, casi seguro que la Luna será una de ellas, o en todo caso será uno de sus personajes más poderosos y queridos.

Y no solo fue una diosa: una vez despertada nuestra imaginación, la convertimos en heroína de mil leyendas, mujer u hombre que nos contempla con paciencia, dama solitaria de la que enamorarse rendidamente, casa de mil criaturas buenas y malas...

Entre sus enamorados se encuentran casi todos los escritores y artistas que han existido en todos los tiempos, desde los primeros pintores de tablillas en Mesopotamia hasta muchas de las canciones de hoy mismo, pasando por toda clase de poemas e historias, no solo de ciencia ficción.

En este libro encontrarás una selección de poemas y canciones. Como se dice, no están todos los que son –para eso necesitaríamos miles de libros enteros–, pero todas la que están son preciosas y representan a algunas de las mejores plumas que han existido nunca.

* * *

Por su parte, los científicos –incluso cuando aún no se llamaban así– vieron que no hacía falta crear tanto mito: la Luna ya tiene un montón de características increíbles por sí misma.

Por ejemplo, está a la distancia justa. De estar un poquito más lejos de nosotros, no podría tener la influencia que tiene sobre nuestras mareas, cosa que fue absolutamente clave para que naciera la vida en nuestro planeta. Y de estar más cerca de nosotros, sus efectos serían muy diferentes... y mucho más peligrosos.

Y también resultó estar a la distancia justa para otra cosa: visitarla. Ni demasiado lejos como para hacer imposible el viaje, ni demasiado cerca como para que no representara la mayor conquista científica de todos los tiempos.

Todo, en una navecita donde apenas cabían los pilotos, y con un ordenador de a bordo mucho menos potente que cualquier móvil que hoy llevamos en un bolsillo. Pero con un valor, un ingenio y un coraje como nunca se han visto antes ni después.

Así que, la próxima vez que mires a la Luna, piensa en los poetas que soñaron con ella, los valientes que decidieron conquistarla y los ingenieros que supieron cómo conseguirlo.

Son todos héroes. Y, aún mejor, nos inspiran para intentar serlo un poco también cada uno de nosotros.

PRIMERA PARTE
LA LUNA Y
EL UNIVERSO

LA LUNA

EL NACIMIENTO DE LA LUNA

Amanece en el jovencísimo planeta Tierra, hace 4.500 millones de años. No es un día tranquilo. De hecho, hasta ahora nunca lo ha sido: es un planeta muy joven y aún no se han formado ni los mares. Hace poco que el centro del planeta ha ardido y, con un montón de explosiones volcánicas, ha cubierto toda la superficie de lava. Hace algo de calor: ¡4.000 grados!

Y entonces, por si todo esto fuera poco, de repente choca contra la Tierra otro mundo en formación del tamaño de Marte. Ese mundo queda totalmente destruido, y sus restos ardientes salen volando al espacio, junto a mucha materia de la propia Tierra.

Parte de estos residuos empiezan a girar alrededor de nuestro planeta, y lentamente se van uniendo unos a otros, hasta formar un nuevo satélite que desde entonces queda atrapado en nuestra órbita.

Felicidades, Tierra. Ha sido un parto muy doloroso, pero te presentamos a tu preciosa hija: la Luna.

SIN LA LUNA, TÚ NO ESTARÍAS LEYENDO ESTO

Tras su creación, la Luna queda atrapada en la órbita de la Tierra. Pero, a cambio, tiene una influencia importantísima sobre esta.

Setecientos millones de años después del choque que dio nacimiento a la Luna, en nuestro planeta surgió el agua y, con ella, los mares. Todos los objetos se atraen entre sí; en el caso de nuestro satélite, no tiene fuerza como para mover la superficie de nuestro planeta, pero sí sus océanos (con ayuda del Sol). Según si en su órbita está más cerca o más lejos de estos, «tira» de ellos: así se producen las mareas. Y por eso nuestro mundo, en realidad, tiene una forma más parecida a un huevo que a una bola.

Aún más, se cree que las mareas fueron responsables de la creación de lo más importante de nuestro planeta: la vida. En las charcas que dejan las mareas al retirarse, el calor del Sol propició las reacciones químicas que dieron lugar a las primeras bacterias, a los animales y, por último, a las personas. Es por eso que todos somos un poco hijos de la Luna.

¿CÓMO LA LUNA NO HAY NINGUNA?

Bueno, la Tierra solo tiene una Luna... al menos hoy; ciertas teorías dicen que hace millones de años pudo tener dos.

Pero lamentamos decepcionarte: solo en nuestro sistema solar hay 173 lunas más. ¡Nosotros podemos estar muy orgullosos de la nuestra, pero, por ejemplo, Júpiter tiene 63 satélites!

Que un planeta más o menos grande haya atraído lunas con su gravedad no es nada excepcional. Solo Mercurio y Venus no tienen ninguna. ¡Y ten en cuenta que en todo el universo hay 10.000.000.000.000.000.000.000.000 de estrellas, cada una con un montón de planetas!

(Por cierto, el número es de verdad, no es que el autor se haya dormido sobre la tecla del cero: hay ocho cuatrillones de estrellas.)

RANKING DE LUNAS (SISTEMA SOLAR)		
Júpiter	69	Matrícula de honor
Saturno	62	Honroso segundo puesto
Urano	27	Muy razonable
Neptuno	13	Necesita mejorar
Marte	2	Casi el farolillo rojo
Tierra	1	¡Buuuuu!
Otras	6	

El cráter lunar Daedalus visto desde la nave espacial Apolo 11.

Huella de la bota de un astronauta. Fotografía tomada durante la expedición del Apolo 11.

GOLPES QUE DEJAN HUELLA

Una de las mayores características del paisaje lunar es su gran cantidad de cráteres. Se parece un poco a las fotos de después de una batalla aérea, con los grandes agujeros que han dejado las bombas. Y, de hecho, es por causas muy similares.

El espacio está lleno de pequeños (y no tan pequeños) fragmentos de materia que son atraídos por los planetas y los satélites, y chocan contra ellos a una velocidad de más de 100.000 kilómetros por hora. A veces, el impacto es tan leve que ni se nota, pero otras es de una violencia extrema y deja grandes «cicatrices»: los cráteres.

Si en la propia Tierra ves muy pocos, es porque los elementos de nuestro clima (el viento, la lluvia…) los ocultan, igual que tú puedes hacer un agujero en la playa y después cubrirlo echándole arena.

Pero la Luna no tiene nada de eso, así que cada impacto queda para siempre… o hasta que es tapado por otro impacto más grande. Por ejemplo, las pisadas de los astronautas hace sesenta años siguen allí, tan hermosas como el primer día.

LO QUE LA LUNA ESCONDE

Una de las primeras preguntas que se hace la gente sobre la Luna es por qué vemos siempre el mismo lado, la misma cara. ¡Si va girando sobre sí misma, también deberíamos ver a veces el otro!

Esto se debe a que, a la vez, gira alrededor de la Tierra, de una forma que se llama «sincrónica». Puedes verlo en el experimento de la derecha.

Pero el misterio siempre ha resultado muy atractivo: ¿qué hay en la cara de la Luna que nunca vemos? ¿Una civilización extraterrestre?

Gracias a fotos tomadas por satélites y sondas, hace tiempo que sabemos que el lado oscuro es... ¡casi igual que el otro! (¡vaya chasco!), aunque menos liso y con más cráteres.

Si sientes curiosidad por verlo, aquí está:

La cara oscura de la Luna: ni tan diferente ni tan oscura.

EXPERIMENTO:

POR QUÉ SIEMPRE VEMOS EL MISMO LADO DE LA LUNA

Coge un balón de fútbol (o cualquier otro objeto redondo) y cuélgalo con un hilo de una lámpara, un perchero, etc. También puedes dejar el balón sobre una mesa; ya te harás a la idea.

Ahora coge una pelota más pequeña: de tenis, de golf…, que será la Luna. Con el permiso de tus padres, pinta de negro una mitad: será la cara oscura.

Si haces girar la pelota pequeña alrededor de la grande y, a la vez, le das vueltas rápidamente sobre sí misma, observarás que desde la Tierra-balón deberíamos ver unas veces el lado normal y otras el lado oscuro.

Ahora prueba a hacer lo mismo, pero girando la pelota mucho más lento e intentando que el lado no oscuro esté siempre hacia la Tierra. Notarás que lo consigues enseguida. Así es como gira la Luna de verdad, y justo por eso siempre vemos la misma cara.

TODO UN MUNDO DE DIFERENCIA

¿Sabías que, si quieres adelgazar sin dejar de comer todo lo que te gusta, hay un método ideal (aunque, desgraciadamente, no muy práctico)? Solo tendrías que irte a vivir a la Luna.

Por el mero hecho de estar allí pesarías ¡6 veces menos!

Esto, claro, tiene un poco de trampa, y es que lo que todos llamamos peso en realidad es otra cosa, la masa. El peso depende tanto de ti como de cuánto te «empuja» hacia abajo la gravedad del planeta donde te encuentres (recuerda que todos los objetos se atraen entre ellos, aunque uno sea mucho más grande que el otro).

La Luna, al ser más pequeña que la Tierra, tiene una gravedad mucho menor. Es decir, que tú serías igual... pero mucho más ligero. Por eso, en las filmaciones de los astronautas se los ve dar unos saltos impresionantes.

¿CUÁNTO «PESARÍAS» EN LA LUNA?

¡Antes de emocionarte, recuerda que «pesarías» menos, pero seguirías necesitando camisas de la misma talla!

Tu peso	En la Tierra	En la Luna
	20 kilos	Unos elegantes 3,3 kilos
	25 kilos	Unos finos 4,1 kilos
	30 kilos	Unos ligeros 4,9 kilos
	35 kilos	Unos atractivos 5,1 kilos
	40 kilos	Unos seductores 6,6 kilos

AGUA DE VIDA

Uno de los últimos y más espectaculares descubrimientos sobre la Luna sucedió en el año 2009: hay agua.

Eso sí: está toda congelada; no se ha producido en la misma Luna sino que la han dejado los cometas que chocan contra ella, y solo se mantiene en lo más profundo de algunos cráteres, donde no llega la luz del Sol, que la haría evaporarse (como ocurre en nuestros desiertos).

Piensa que en la Luna hace un calor enorme porque su superficie refleja mucho la luz. En cambio, a la sombra de los cráteres la temperatura puede alcanzar los -240 grados. ¡Con ese frío, un astronauta necesitaría llevar unas cuantas mantas encima del traje espacial!

El agua se descubrió cuando una sonda, al aterrizar dentro de un cráter, analizó la composición de los residuos que levantaba.

¿Y por qué tanto interés en el tema? Recuerda que, como hemos visto, el agua es imprescindible para que haya vida. Aunque ahora no sea el caso, querría decir que en el pasado (o en el futuro) esta podría darse en la Luna. Aun así, las posibilidades son muy mínimas.

CAPÍTULO 2

EL SOL

EL REY SOL

Pesa 330.000 veces más que la Tierra y dentro de él cabrían 1,3 millones de planetas como el nuestro.

Todo en el Sol es de una inmensidad casi inimaginable. De hecho, solo él es el 98,8 % de toda la materia del sistema solar. Y el otro 0,02 % es casi todo Júpiter. ¡Nosotros no somos casi nada!

(Por cierto, ¿recuerdas que hemos dicho que en la Luna pesarías mucho menos porque es más pequeña que la Tierra? En el Sol pasaría lo contrario: si aquí pesas 35 kilos, allí serían ¡700 billones de toneladas! ...al menos antes de fundirte con los 6.000 grados de calor que hace en su superficie.)

Todo esto casi nos hace olvidar que, de los 10 cuatrillones de estrellas que hay en el universo, el Sol es mediano tirando a pequeño: la más grande que conocemos es casi 2.000 veces mayor.

Seguro que hay muchas cosas del astro rey que te sorprenderán. Para empezar, no es amarillo sino blanco. Lo vemos de ese color (o, a ciertas horas, rojo) a causa de nuestra atmósfera.

UN GIGANTESCO HORNO ESPACIAL

Cada segundo, en el interior del Sol se producen reacciones químicas que convierten 700 millones de toneladas de hidrógeno en 695 millones de toneladas de helio; el resto se transforma en energía.

Eso, a su vez, significa que cada segundo pierde 5 millones de toneladas de materia; 432.000 toneladas en un solo día. ¡Y aún así, le quedan más de 6.000 millones de años de vida!

El hidrógeno es «aplastado» en el núcleo del Sol, a una temperatura de 15 millones de grados. La energía que se crea tarda unos 50 millones de años en viajar a la superficie y salir al espacio, en una cantidad tan grande que nuestros desiertos reciben más energía en seis horas de la que consume toda la humanidad en un año entero.

Aun así, el Sol tiene épocas de mayor actividad que otras; es decir, no siempre crea la misma cantidad de calor. Como ahora estamos en una de las épocas altas, podría decirse que también es un poquito responsable de nuestro problema de calentamiento global. ¡Pero solo un poquito, así que no empieces a usar aerosoles sin parar, diciendo que, total, la culpa es del Sol!

UNA LUZ EN LA OSCURIDAD

Por supuesto, la otra cosa que crea el Sol, además de calor, es luz. Sin el astro rey viviríamos en una negrura total, mayor todavía que la del cielo nocturno.

Y, al igual que con el calor, la luz es una especie de efecto secundario de las reacciones químicas que se producen en el interior del Sol.

La luz es mucho más que eso que necesitamos para salir a la calle y no chocar contra una farola. Resulta esencial para la vida: la reciben las plantas y desarrollan un proceso llamado fotosíntesis, con el cual expulsan el oxígeno que nosotros necesitamos para respirar.

Una cosa que muchos no saben (y que es difícil de imaginar) es que, aunque la luz es lo que más rápido viaja por el universo, tarda un tiempo en llegar hasta nosotros. Cuando miramos al Sol, no lo vemos como es ahora mismo sino como era hace un poco más de ocho minutos.

Si esto te parece increíble, piensa que las estrellas del cielo están aún mucho más lejos que el Sol. Algunas las vemos como eran hace 1.500 años, y otras están ahí, pero no las vemos porque aún no nos ha llegado su luz.

EL MAYOR ESPECTÁCULO DEL MUNDO

De repente, el cielo nocturno se llena de columnas de colores, arcos que lo cubren todo de rojos y verdes y azules, zigzagueantes líneas que atraviesan el paisaje como serpientes gigantes...

Si no estás cerca de los polos, no podrás observar en vivo uno de los fenómenos más bonitos y espectaculares de la naturaleza: las auroras boreales y australes.

Aunque solo se vean de noche, las auroras también se deben a la actividad de nuestro Sol. En este se producen tormentas del tamaño de todo Júpiter, tornados de gas tan grandes como nuestro océano Pacífico y numerosas explosiones, lanzando partículas que viajan por el espacio.

Al llegar a la Tierra, estas partículas atraviesan la atmósfera, creando grandes formas de luz a unos cien kilómetros por encima de nosotros. Según la altura concreta, su color cambiará.

Los vikingos reverenciaban a estas «damas verdes». ¡Y tú no puedes ser menos! Total, ¿quién necesita viajar a Noruega para ver la aurora boreal existiendo YouTube? En serio: te quitarán el aliento.

Fotografía de una aurora boreal tomada desde el espacio por el equipo de CEO (Crew Earth Observations).

El cielo teñido de colores. Una aurora boreal vista desde la Tierra.

DIOSES DEL SOL

Si la Luna ha inspirado gran cantidad de mitos y leyendas, el Sol no iba a ser menos. Sobre todo cuando, ya desde el principio de la humanidad, hemos intuido su papel clave para la vida, aunque aún no supiésemos exactamente el porqué.

Por todo el mundo se han creado decenas de dioses solares, siempre entre los más importantes de sus mitologías: desde Ra en Egipto hasta Quetzalcóatl en Centroamérica, Helios y Apolo para los griegos y los romanos...

Curiosamente, en casi todas las culturas la Luna es una diosa mujer y el Sol es un dios hombre.

Nosotros nos quedamos con la historia de Ícaro, el personaje de la mitología griega que quiso volar hasta el Sol para tocarlo. Se construyó unas alas y casi llegó, pero al final el calor las derritió e Ícaro volvió a caer a la Tierra.

(Por cierto, debió de ser un viaje de lo más cansado: hoy en día, si hubiera un avión que pudiera viajar de la Tierra al Sol, itardaría 26 años en llegar!)

UN FUTURO BRILLANTE

Todo lo bueno se acaba, y el Sol no será una excepción. El espectáculo será impresionante… salvo por el detalle de que nos pillará a nosotros en medio.

¡Si el origen de la Luna te ha parecido brutal, no te pierdas esto!

Llegará un momento en que el Sol perderá una gran cantidad de hidrógeno, y entonces empezará a convertirse en un tipo de estrella llamado «enana roja». A pesar del nombre, el primer paso será crecer increíblemente de tamaño, hasta alcanzar y consumir la Tierra en una bola de fuego.

Para entonces no nos importará demasiado, porque ya hará tiempo que su temperatura habrá subido tanto que evaporará toda el agua de nuestro planeta; quedarán vivas algunas bacterias y poco más.

Pero no te preocupes, que nada de eso sucederá mañana. El Sol es aún joven, solo tiene 4.500 millones de años. Todavía le quedan otros 6.500 millones en los que seguirá más o menos igual que hoy. No hace falta salir corriendo a la sombra y cargando con montones de garrafas de agua y toneladas de protector solar.

CAPÍTULO 3

LOS PLANETAS

MERCURIO

Es el planeta que está más cerca del Sol, pero, curiosamente, se cree que es el que más hielo tiene, aparte de la Tierra... Lo esconde en el mismo lugar que la Luna: en el interior de cráteres muy profundos a los que nunca llega la luz. En Mercurio, un año dura ¡menos de dos de sus días! Esto es porque gira sobre sí mismo muy lento, y en cambio gira muy rápido alrededor del Sol.

VENUS

No existe planeta más inhóspito y que invite menos a visitarlo. Para empezar, su atmósfera está hecha de dióxido de carbono y ácido sulfúrico, que es de lo más corrosivo que existe.

Pero es que, además, su superficie parece un catálogo de desastres naturales: hace casi 500 grados de calor, por todas partes hay volcanes que escupen mares de lava y hay enormes tormentas.

También es el único planeta que gira en sentido contrario a todos los demás.

TIERRA

Es el nuestro (¡vaya novedad!). Tiene una serie de características que hacen que sea el único donde puede existir la vida como la conocemos, ya que no hay agua líquida en ningún otro planeta. Esto se debe a que la Tierra está a la distancia precisa del Sol para que el agua no se evapore toda por el calor ni esté toda convertida en hielo por el frío.

MARTE

Aunque ahora toda su agua está helada, se cree que en algún momento pudo ser líquida, y quizás haber contenido vida, aunque se tratase solo de unas pocas bacterias. Si la hubo, hace mucho que desapareció.

En su superficie hay volcanes gigantescos, incluido el más grande de todo el sistema solar, el monte Olimpo, que es tres veces más alto que nuestro Everest.

Tiene dos lunas, aunque los astrónomos afirman que pronto (dentro de unos treinta millones de años de nada) una de ellas va a chocar contra el planeta.

JÚPITER

Es, con mucho, el mayor de todos los planetas (318 veces más grande que la Tierra), aunque aun así no es nada en comparación con el tamaño del Sol. Su atmósfera es de hidrógeno y helio. Dentro de su famosa «mancha roja» están siempre dando vueltas unas tormentas monstruosas, que pueden llegar a tener 50 kilómetros de ancho.

También es el primero de los planetas compuestos solo por gases, sin tierra firme, igual que los que vienen a partir de ahora.

Al ser tan grande, tiene 69 lunas, más que ningún otro.

SATURNO

Aunque es el segundo planeta más grande, su composición de gases hace que sea el más ligero de todos: es menos denso que nuestra agua. Es decir, que si tiráramos a Saturno a una piscina (¡y tendría que ser una piscina muy grande para que cupiese entero!), el planeta flotaría.

Lo más conocido de Saturno son sus anillos, formados por escombros espaciales. No es el único en tenerlos, pero sí en el que más se ven. También cuenta con 62 lunas.

URANO

Es el segundo planeta más frío: hasta -220 grados.

Como Saturno, tiene anillos, pero son mucho más difíciles de ver. Los astrónomos dicen que son recientes (¡para los astrónomos, todo lo que haya pasado hace menos de cien millones de años es «reciente»!).

Es el único planeta que tiene los polos a los lados en vez de arriba y abajo... aunque en realidad en el espacio no hay *arriba* ni *abajo*.

NEPTUNO

Tiene una gravedad parecida a la de la Tierra, aunque, al estar hecho de gas, si estuvieras allí te hundirías hasta llegar al núcleo.

Es el planeta más frío de todos, y tiene los huracanes más fuertes del sistema solar, que avanzan a más de 2.000 kilómetros por hora.

PLUTÓN: EXPULSADO DE LA LISTA DE PLANETAS

Hasta hace poco era un planeta más, pero hoy está considerado como «planeta enano», una categoría inferior. A veces tiene atmósfera y otras no: esta se va creando, desapareciendo y volviéndose a crear.

LA VERDADERA ESCALA DE LOS PLANETAS

Seguro que lo has visto muchas veces: una imagen que muestra todos los planetas, uno junto al otro, con el Sol a un lado. Los separa más o menos la misma distancia, y puedes observar que, por ejemplo, Júpiter es mucho más grande que Mercurio.

Pues has de saber que todo eso es falso. No es que quieran engañarte, sino que los tamaños y las distancias reales son tan diferentes unos de otros que no hay forma de que quepan en una lámina: quedaría todo tan pequeño que ni verías Mercurio, Venus, la Tierra o Marte.

Para que te hagas una idea de la realidad: en cuanto a los tamaños, si la Tierra fuese pequeña como una pelota de tenis, Mercurio

sería como una pelota de golf, Júpiter y Saturno serían esferas de más o menos un metro de diámetro, Urano y Neptuno serían algo más grandes que unas pelotas de baloncesto, Plutón sería como una canica grande... ¡y el Sol mediría once metros!

Y siguiendo con la misma escala en la que la Tierra fuese como una pelota de tenis, la distancia entre nuestro planeta y el Sol (que en realidad es de unos 150 millones de kilómetros) tendría que representarse dejando ¡1.200 kilómetros de distancia!, dentro de la cual se encontrarían Mercurio y Venus.

Como ves, ¡sería muy poco práctico hacer un póster de 1.200 kilómetros de largo!

CAPÍTULO 4

EL ESPACIO

CIFRAS QUE DESAFÍAN LA IMAGINACIÓN

El universo no es lo más grande: lo es todo. Todos los soles y los planetas y las constelaciones... y, según dicen algunos científicos, quizás más cosas que aún no hemos descubierto.

Su tamaño, claro, es casi imposible de imaginar. Solo piensa que nuestro planeta, la Tierra, es uno de los ocho del sistema solar, y que el Sol es una de los cien mil millones de estrellas que hay en la Vía Láctea, que a su vez es solo una parte del Grupo Local de galaxias, entre otras (como Andrómeda, que es el doble de grande). El Grupo Local es una pequeña parte del Supercúmulo de Virgo, que se encuentra en el Hipercúmulo de Virgo... El caso es que en todo el universo se calcula que hay ocho cuatrillones de estrellas, es decir, ocho millones de millones de millones de millones.

Entonces, ¿cómo de importantes somos nosotros dentro del universo? Ya lo dijo una vez un científico: piensa en un solo granito de arena de entre todas las playas del mundo. Pues nuestro mundo es aún menos importante.

CÓMO NACIÓ EL UNIVERSO: LA GRAN EXPLOSIÓN

Casi todos los astrónomos coinciden: el universo no ha estado ahí siempre, al menos tal como lo conocemos hoy. Hace entre diez mil y veinte mil millones de años sucedió algo que provocó su nacimiento.

¿Y qué fue ese algo? La teoría más aceptada es la del *Big Bang*, que significa «gran explosión». Curiosamente, se le ocurrió a un cura belga, Georges Lemaître, que dijo que el universo entero había nacido de un solo átomo de materia que estalló.

Más adelante, Edwin Hubble observó que las galaxias se mueven a toda velocidad, alejándose unas de otras... como si fueran los fragmentos que salen volando tras una explosión.

Si la teoría del *Big Bang* es cierta (y parece ser que sí), el universo entero estuvo contenido, increíblemente apretado, ¡en una partícula del tamaño de un grano de arena!

El problema es que no existen verdaderas pruebas de que esto haya sido así. De hecho, muchos creen que es imposible que las encontremos nunca. Y, más aún, piensan: si el universo nació de una explosión, ¿qué es lo que la provocó? Nadie lo sabe.

¿QUÉ HABÍA ANTES DEL UNIVERSO?

La verdad es que nadie lo sabe seguro. Existen muchas teorías. Hay quienes dicen que, dentro de miles de millones de años, volverá a producirse otro *Big Bang*. Otros creen que nos quedaremos como estamos y el *Big Bang* es algo que solo habrá sucedido una vez.

Todo viene de otra pregunta: si, como hemos visto antes, las galaxias viajan en todas las direcciones a enorme velocidad, ¿qué pasará en el futuro? Puede que el universo siga avanzando y creciendo para siempre... pero también es posible que acabe por ralentizarse y detenerse, igual que si le das una patada a un balón sale a toda velocidad pero acaba parando.

Si se detiene, es posible que, muy poco a poco, durante otros miles de millones de años, el universo vuelva a encogerse... hasta quedar contenido de nuevo en una única partícula, que explotará y hará que nazca un nuevo universo.

De ser verdad esta última hipótesis, desde el principio el universo se ha ido creando, destruyendo y volviendo a crearse, igual que el fuelle de un acordeón se cierra, se abre, se cierra... y así durante toda la eternidad.

MILES DE AÑOS OBSERVANDO LOS CIELOS

Está claro que, desde el principio de los tiempos, contemplar el cielo nocturno nos ha fascinado. Sin necesidad de telescopios, a simple vista o con instrumentos muy sencillos, varias civilizaciones antiguas fueron capaces de crear mapas estelares y hacer cálculos de una precisión sorprendente; por ejemplo, el calendario solar maya era mejor que el que usamos hoy.

El invento clave para la observación fue, claro, el telescopio, en el siglo XVII y casi por casualidad, mientras los hijos de un vendedor de lentes jugaban con estas. Un hombre vio una demostración y se la contó a su amigo Galileo Galilei, que construyó su propio telescopio, y con él, estudiando las lunas de Júpiter, llegó a demostrar que el Sol no giraba alrededor de la Tierra sino al contrario.

Hubo muchas evoluciones durante los siglos, pero en los últimos tiempos se ha avanzado como nunca antes, hasta acabar en el Hubble, el primer telescopio construido en el espacio exterior, y el James Webb, su sucesor, que tras varios años de retraso debido a su gran complejidad será puesto en órbita en 2020.

(Solo para muy frikis de la ciencia)
¿PUEDE HABER OTROS UNIVERSOS?

Hace casi un siglo se llevó a cabo un descubrimiento que es aún más alucinante que todo lo que has leído en este libro hasta ahora. Resulta que las leyes físicas a las que estamos acostumbrados funcionan de forma diferente con los objetos muy pequeños, como los átomos. Es lo que se llama física cuántica.

Por ejemplo, das por supuesto de que si tiras una manzana al suelo, esta se cae. Pero si la manzana fuese increíblemente pequeña, quizás se caería primero y luego la tirarías... o tirarías una manzana pero caería otra en otro lugar del mundo... y hasta puede que la manzana fuera a ratos una manzana y a ratos una pera.

Si estás rascándote la cabeza y pensando que es imposible, ese es justo el problema de la física cuántica: resulta demasiado difícil pensar en ella porque va en contra de todo lo que conocemos... pero hay muchos indicios de que es cierta.

Una de las posibilidades de la física cuántica y otras teorías es que, cada vez que hacemos una cosa, se crean nuevos universos enteros: por ejemplo, uno en el que has tirado la manzana, otro en el que no la has tirado, otro en el que te la has comido... y así hasta el infinito.

Otro problema es que, si esto es así, los diferentes universos no están en contacto entre ellos, de forma que nunca podríamos verlos o comprobar si la teoría es cierta. En los últimos años se ha empezado a sospechar que quizá sí que estén en contacto, aunque aún no se sabe bien cómo.

La próxima vez que te digan que eres único, no te emociones: piensa que puedes tener infinitos hermanos gemelos en otros tantos universos paralelos.

CAPÍTULO 5

¿VIDA EN EL ESPACIO?

NUESTROS PRIMOS DE ANDRÓMEDA

Desde el mismo momento en que la humanidad empezó a observar los cielos, se hizo una pregunta que todavía no se ha resuelto: ¿existe vida fuera de la Tierra?

La mayor parte de las mitologías nos hablan de seres que nos visitan en naves desde más allá de las estrellas, o de dioses que bajan a la Tierra desde los cielos.

En cuanto a la ciencia, la opinión general es que, con los miles de millones de sistemas solares que hay en el universo, sería raro que solo en la Tierra existiera vida inteligente. Aunque es cierto que para que esta nazca han de darse una serie de casualidades que no es nada fácil que se repitan.

Aun así, lo más probable es que sí haya vida en el espacio, pero separada por distancias tan enormes que nunca conoceremos a nuestros familiares galácticos, por muy avanzados que estén.

Una pregunta curiosa que se hizo un científico: cuando tengamos una colonia espacial en la Luna, si una mujer da a luz en ella, ¿podremos decir que hemos creado vida extraterrestre?

BUSCANDO VIDA EN EL ESPACIO

Sin duda, el esfuerzo más grande de toda la historia por buscar vida inteligente en el espacio es el proyecto del Instituto SETI (*Search for Extra-Terrestrial Intelligence*, Búsqueda de Inteligencia Extraterrestre), que está en marcha desde los años sesenta del siglo XX.

La idea es que los extraterrestres han de crear ondas de radio, igual que nosotros, y que estas salen al espacio y pueden distinguirse de las ondas que se producen de forma natural.

SETI se propone detectar esas ondas. Creado y dirigido por científicos serios de verdad, SETI es un estudio riguroso, pero que tiene un gran problema: los radiotelescopios y las infraestructuras necesarias son tan caros, y los gobiernos tienen tan poco interés en colaborar, que se avanza muy lentamente. Después de tantos años, las partes del cielo que han podido estudiarse son muy pequeñas; es casi como buscar una aguja en un pajar.

Pero el proyecto sigue en marcha y las posibilidades técnicas son cada vez mayores. Estudiar un sector del firmamento es más rápido que nunca. ¡Quién sabe si cualquier día nos da una sorpresa!

CAZADORES DE OVNIS

Aunque siempre se ha hablado de visitantes extraterrestres, nunca ha habido tantos testimonios como desde después de la Segunda Guerra Mundial, sobre todo cuando un piloto, tras ver uno, dijo que era como un «platillo volante».

Al principio, el Gobierno de Estados Unidos y otros investigaron el fenómeno; no les importaba tanto que se tratara de naves extraterrestres sino de aviones secretos rusos. No se encontró ninguna prueba, aunque hay quienes creen que sí las tienen, pero nunca han querido mostrarlas para no asustar a la población.

Con el tiempo, se han añadido otros fenómenos, como las abducciones, los círculos en ciertas cosechas y hasta la idea de que hay extraterrestres que han venido de la otra punta del espacio solo para coger vacas y ponerlas boca abajo (¡en serio!). Se ha llegado a crear una nueva «ciencia», la ufología, para estudiar los ovnis, aunque los verdaderos científicos no le dan ningún crédito.

Lo que está demostrado es que la mayoría de avistamientos son falsos o engañosos. ¡Pero quién sabe si alguno será cierto!

¿CÓMO SON LOS EXTRATERRESTRES?

La respuesta es, claro, que nadie lo sabe. ¡Nadie sabe ni siquiera si existen! Pero, basándose en los testimonios de gente que dice haberlos visto en sus supuestas visitas a la Tierra, se han creado diferentes tipos:

Monstruo de Flatwoods:

unos 3 metros de altura, cabeza puntiaguda.

Grises:

los más «habituales» hoy en día.

Ser de Hopkinsville:

basado en un famoso «encuentro» en 1955.

Enanos verdes:

como se los dibuja
siempre, aunque no se
ha dado ningún caso.

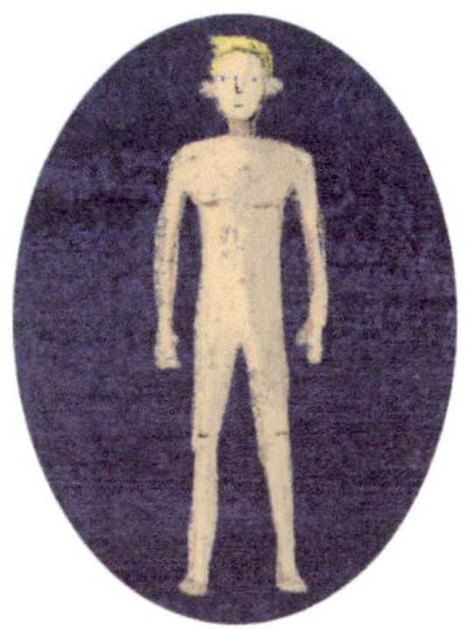

Aliens nórdicos:

perfección física;
vienen del centro de la
Tierra, no del espacio.

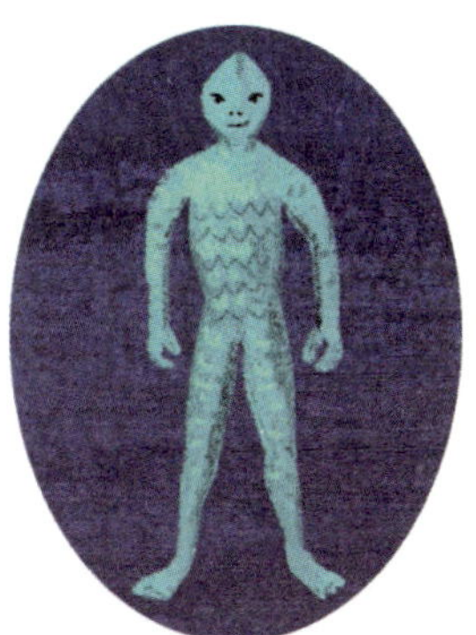

Reptilianos:

muy altos y cubiertos
de escamas.

———

¡Si estos son los «de verdad»,
imagínate cómo serán los inventados!

SEGUNDA PARTE
EL VIAJE AL ESPACIO

CAPÍTULO 6

CON LA CABEZA EN LA LUNA

VIAJAR A LA LUNA, EL DESEO ETERNO DE LA HUMANIDAD

Si repasamos la historia, parecería que Neil Armstrong no fue la primera persona en llegar a la Luna ¡sino casi la última! Durante siglos, la humanidad ha soñado en leyendas, en novelas, en el cine… con pisar nuestro satélite, que está tan lejos, pero mucho más cerca que cualquier planeta.

Casi todas las culturas han convertido los elementos naturales en personajes y han creado historias con ellos. La Luna se nos muestra a veces como un símbolo de lo femenino, más amable y comprensiva que el Sol, o todo lo contrario, un elemento de grandes cambios y oscuridad (porque trae la noche).

Al igual que el Sol, la Luna forma parte de muchas de las formas que ha inventado la humanidad para intentar conocer el futuro. Por ejemplo, el zodíaco y los horóscopos, o las cartas del tarot.

Ten en cuenta que cada uno puede creer en lo que quiera, pero la ciencia dice que ninguno de estos sistemas funciona: nadie puede saber lo que pasará mañana… y, si se pudiera, desde luego no sería a base de mirar dónde estaba la Luna el día en que naciste.

UNA LUZ EN LA OSCURIDAD

A lo largo de la historia ha habido toda clase de dioses y diosas inspirados en la Luna o que, sencillamente, eran la Luna en persona. Una de las primeras civilizaciones, Mesopotamia, ya tenía al dios Sin, un anciano con cuernos que controlaba las mareas.

En el antiguo Egipto hubo varios dioses lunares: Jonsu, Iah y Thot. Este último había sido el creador de las matemáticas y otras ciencias.

Los griegos y los romanos tuvieron primero a Selene (de ahí que a las cuestiones lunares aún hoy se las llame *selenitas*), que poco a poco fue sustituida por Artemisa en Grecia y por Diana en Roma.

Los incas sudamericanos adoraban las figuras estelares y les dedicaron monumentos como la Puerta del Sol y la de la Luna.

Igualmente, en la Polinesia, en África, en América... todos convertían a la Luna en un dios o diosa. Y es que la humanidad siempre ha sentido la necesidad de entender e interactuar con las fuerzas naturales, al igual que le costaba entender que las cosas pasen «porque sí», y quería poder explicarlas como si fueran caprichos de unos dioses con características muy parecidas a las de las personas.

EL FUTURO EN BLANCO Y NEGRO (MUY NEGRO)

Al igual que en toda clase de mitos y leyendas, la Luna ha inspirado un montón de novelas, películas y toda clase de historias. De hecho, fue uno de los elementos más importantes en la creación de todo un nuevo género: la ciencia ficción.

Esta nació en Francia, a finales del siglo XIX. Hasta entonces, la gente podía vivir toda su vida sin ver un solo avance tecnológico o de costumbres, pero eso empezaba a cambiar, y enseguida todos comenzaron a preguntarse e inventar cómo sería el futuro.

Las primeras obras de ciencia ficción eran muy catastrofistas: casi siempre acababan con un desastre que provocaba el fin del mundo. Quizás la obra más destacada (y más optimista) es *De la Tierra a la Luna*. Su autor, Julio Verne, acertó en que el viaje se haría en un cohete que despegaría de Florida tripulado por tres personas, y que a la vuelta caería al mar.

El cine también se interesó por el tema desde el principio, con películas como *El viaje a la Luna*, de Georges Méliès, y ha dado grandes obras como *2001: Una odisea del espacio*.

LA LUNA QUE NOS GOBIERNA

Como hemos visto, siempre se ha creído que la Luna tenía una gran influencia en toda clase de asuntos y fenómenos, mucho más allá de su verdadera capacidad de crear las mareas.

Por ejemplo, en varias culturas se sigue creyendo que, si te cortas el pelo o podas una planta a la luz de la Luna, lo que crezca después será más fuerte.

También está detrás de los hombres lobo, marcando el ciclo de transformación (cambian a lobos cuando hay luna llena).

Durante el siglo XIX, en Gran Bretaña, muchas mujeres jóvenes creían que si miraban a la Luna mediante un espejo, esta les diría cuánto tardarían en casarse.

En parte de China, aún hoy se celebra un festival en que se cocinan pasteles redondos para la Luna y después los tiran al cielo.

Con el tiempo, estas creencias han disminuido, aunque sin desaparecer. Por ejemplo, mucha gente cree hoy en el mito de que, cuando hay luna llena se producen muchos más crímenes, urgencias médicas... pero los datos indican que no es cierto.

Fotograma de la película *Viaje a la Luna* de Georges Méliès, 1902.

GLAMOROUS
GLENNIS

CAPÍTULO 7

LOS ANTECEDENTES DEL VIAJE A LA LUNA

EL CIELO ES EL LÍMITE

El antecedente más importante del viaje a la Luna fue, claro, conseguir volar en la propia Tierra.

En un congreso internacional científico del siglo XVII se decidió que volar sería imposible: nada podía ser tan ligero como para flotar en el aire. El mismo congreso decidió que no había que esperar grandes avances en la ciencia: ya estaba todo inventado.

Por suerte, solo un siglo más tarde se crearon los primeros globos aerostáticos, aunque al principio no había forma de guiarlos. También se experimentó con planeadores, pequeños aviones sin motor que apenas podían volar unos metros.

El paso definitivo se dio cuando los hermanos Wright levantaron por primera vez el vuelo en un avión con motor, aunque por tan poco tiempo que hay quienes dicen que eso no cuenta.

Por supuesto, en cuanto se descubrió que los aviones resultaban perfectos para la guerra, estos evolucionaron como nunca, especialmente tras usarse en la Primera Guerra Mundial, aunque poco antes los propios militares se habían reído de esa idea.

LOS MISILES, PADRES DE LOS COHETES

Aunque parezca increíble, el gran antecedente de los viajes a la Luna fueron... los fuegos artificiales. Los antiguos chinos, sus inventores, descubrieron la pólvora y los primeros cohetes.

Mucho después, en 1922, Robert Goddard experimentó con misiles. Quería llevar a un hombre a la Luna, aunque, según *The New York Times*, eso era imposible, «como sabe cualquier erudito».

Por desgracia, quienes se tomaron el tema en serio fueron los alemanes durante la Segunda Guerra Mundial: crearon misiles capaces de volar solos hasta Inglaterra y bombardearla.

Tras la guerra, muchos de los científicos alemanes expertos en misiles pasaron a trabajar para los norteamericanos, y otros para la Unión Soviética (de la que Rusia era una parte). Estos científicos fueron clave para hacer avanzar las investigaciones que conseguirían primero romper la barrera del sonido, después enviar naves fuera de la atmósfera terrestre, luego hacer que pudieran llevar personas dentro, y, por fin, conseguir que llegasen a la Luna.

La conquista del espacio había comenzado.

ELEGIDOS PARA LA GLORIA

El primer gran reto en la carrera espacial era superar la velocidad del sonido. Hasta después de la Segunda Guerra Mundial parecía imposible: los aviones eran demasiado grandes para lograrlo.

Un grupo de pilotos de prueba norteamericanos se dedicaron a conseguirlo. Se hicieron muy famosos por su valentía y porque de entre ellos salieron los primeros astronautas. También contaron con aviones más potentes que nunca: los fabricantes competían igual de ferozmente que los pilotos.

El más conocido del grupo fue Chuck Yeager, que batió récords de velocidad en 1953, y casi perdió la vida. Aunque, curiosamente, Chuck nunca llegaría a ser astronauta.

Solo una mujer, Jacqueline Cochran, llegó a superar la barrera del sonido. No es que ellas lo tuvieran prohibido ni fueran peores pilotos, sino que de acuerdo con las ideas de la época, la carrera espacial era «cosa de hombres». Prueba de ello es el título del libro y de la película que se dedicó a estos pilotos: *Lo que hay que tener.*

EN EL TECHO DEL MUNDO

Antes de salir al espacio exterior, había otro récord básico que superar: el de altura. Es lo que se conoce como vuelos suborbitales, en los que los pilotos intentaban llegar más y más alto cada vez, aunque sin salir de la atmósfera.

Aunque ya se había logrado con misiles durante la Segunda Guerra Mundial, el reto era conseguirlo en un avión tripulado, lo que resultaba mucho más difícil: ponía al límite las capacidades de la nave y del piloto.

En 1961, Alan Shepard primero y Virgil Grissom después fueron los primeros en lograrlo. No está claro si fueron las primeras personas o solo los primeros norteamericanos: según algunos, unos meses antes el ruso Yuri Gagarin ya lo había conseguido, aunque eso depende de la definición exacta de «vuelo suborbital».

En los últimos años, esta clase de vuelos vuelven a estar de moda, realizados por las diferentes empresas que han surgido con el objetivo de llevar a cabo vuelos espaciales para turistas. ¡Quizás pronto, si no puedes ser astronauta, al menos sí consigas ser pasajero en un vuelo espacial!

LA CARRERA ESPACIAL

UN MUNDO DIVIDIDO EN DOS

Durante la Segunda Guerra Mundial había sido muy fácil saber quiénes eran los «buenos» y quiénes los «malos». Pero, en cuanto esta acabó, el panorama se complicó bastante.

Por un lado, estaban los Estados Unidos de América, el máximo representante de un sistema de gobierno llamado capitalismo (el mismo en el que ahora vivimos nosotros). Y, por el otro, la Unión Soviética, una inmensa nación que se estaba volviendo cada vez más importante y que se basaba en un sistema llamado socialismo.

Los dos representaban maneras tan opuestas de entender la vida que, aunque habían luchado juntas durante la guerra, después se volvieron grandes enemigas. Ambas querían demostrar al mundo que eran mejores que la otra. Una de las formas más claras era conseguir hacer cosas que el otro aún no hubiese podido.

Y, claro, uno de los grandes sueños de la humanidad siempre había sido salir al espacio... y llegar a la Luna. Los Estados Unidos y la Unión Soviética se pusieron de inmediato a ello. Estaban decididos a salir de la Tierra para conquistar el mundo.

COMPETICIÓN HASTA LA LUNA

En su carrera por ser los primeros en viajar a nuestro satélite, al principio los soviéticos se adelantaron en todo, hasta el punto de que los norteamericanos llegaron a estar convencidos de que nunca podrían ganar.

En 1957, los soviéticos fueron los primeros en enviar una nave al espacio. El Sputnik («compañero de viaje») fue el primer satélite artificial, del tamaño de una pelota de baloncesto. Aquel mismo año también llevaron al primer ser vivo al espacio: la perrita Laika.

Aunque Laika no sobrevivió al viaje, en 1960 consiguieron enviar a los primeros animales que sí regresaron sanos y salvos. Y, solo un año más tarde, a los primeros seres humanos, en las misiones Vostok 1 y 2.

Cuatro años después, un astronauta soviético (ellos los llamaban cosmonautas) también fue el primero en salir de su nave y dar un paseo de doce minutos por el espacio. Así pudo probar el traje espacial y otros instrumentos vitales para el siguiente y último gran paso: llevar a una persona a la Luna. Los soviéticos iban muy adelantados...

LOS GRANDES ASTRONAUTAS SOVIÉTICOS

LAIKA

La perrita fue el primer ser vivo en visitar el espacio, a bordo de un satélite artificial, en 1957. Se hizo famosísima en el mundo entero. Por desgracia, no sobrevivió al calor de la nave.

BELKA Y STRELKA

Otras dos perritas, que fueron los primeros seres vivos en viajar al espacio y regresar vivos (detalle importante).

YURI GAGARIN

Primer astronauta (o cosmonauta) de la historia, a bordo del Vostok 1, en 1961. Fue elegido por su gran preparación y por ser bajito: la nave era muy pequeña.

GHERMAN TITOV

Unos meses después de Gagarin, Titov fue el primero en pasar más de un día entero (25 horas) en el espacio.

VALENTINA TERESHKOVA

La primera mujer en el espacio, en 1963. Sigue siendo la única en haber hecho el vuelo sola, sin tripulación. Tras dar 48 vueltas a la Tierra cayó en un bosque y fue encontrada por un leñador, que la invitó a su cabaña a comer.

ALEXEI LEONOV

En 1965, fue el primero en salir de su nave y dar un «paseo espacial» de doce minutos, flotando en el espacio.

LA CARRERA ESPACIAL CAMBIA DE RUMBO

Mientras los soviéticos iban triunfando por el espacio, los norteamericanos estaban muy frustrados. Aunque sus investigaciones y avances eran muy notables, siempre se les adelantaban en los hitos más importantes. Todos los «El primero en...» tenían apellido ruso.

En 1961, tras el primer paseo espacial soviético, el presidente John F. Kennedy anunció que antes de 1970 los norteamericanos llegarían a la Luna. Se vio casi forzado a decirlo: en su país, los ánimos estaban por los suelos. Pero ni él ni sus científicos sabían cómo podrían conseguirlo. La NASA, creada tres años atrás, en 1958, estaba aún demasiado «verde».

Y, aun así, acabarían consiguiéndolo, impulsados por su necesidad de no hacer el ridículo tras haberlo anunciado a todo el planeta.

Los norteamericanos quitaron importancia a los logros anteriores de los soviéticos: lo que contaba era el objetivo final. Y, tras quedar segundos, los soviéticos anunciaron que ya habían ganado la carrera espacial años antes: lo de la Luna no importaba. ¡Eran como niños!

LA LUNA EN LA PUNTA DE LOS DEDOS

Aunque antes de llegar a la Luna fueron los soviéticos quienes se adelantaban en todo, el programa espacial norteamericano nunca se detuvo. Antes del Apolo 11 hubo tres programas destacados:

MERCURY. Las primeras misiones en salir al espacio. Se hicieron veintitrés vuelos entre 1961 y 1963, algunos no tripulados, otros que llevaron animales, y seis con astronautas. Estos tuvieron que viajar muy apretados: la cápsula medía menos de tres metros de largo.

GEMINI («Géminis»), llamado así porque su principal objetivo, en 1966, fue acoplar dos naves en el espacio. El capitán fue Neil Armstrong, que después sería el primer hombre en pisar la Luna.

APOLO. El tercer programa norteamericano comenzó de forma trágica: en 1967, durante las pruebas previas, la nave Apolo 1 se incendió y sus tres astronautas murieron. Sin embargo, las siguientes misiones se fueron acercando cada vez más a la Luna (el Apolo 8 dio tres vueltas a su alrededor), hasta que el Apolo 11 fue, por fin, el primero en llegar a su superficie.

CAPÍTULO 9

EL COHETE

¡A LA LUNA, POR FIN!

El Apolo 11, donde iban los astronautas, en realidad es solo el nombre de la cápsula en la punta del cohete. Casi todo el resto eran enormes contenedores de combustible y que, a medida que este se consumía, se iban desprendiendo de la nave para hacerla más ligera.

La primera y la segunda etapa sirvieron para despegar y ascender por la atmósfera. La tercera llevó la cápsula hasta la Luna. La cuarta contenía los aparatos necesarios para la comunicación con la Tierra.

Este sistema evolucionó hasta que, a finales de los años sesenta del siglo XX, fue sustituido por el transbordador espacial, que era reutilizable y servía para varias misiones en vez de destruirse en una sola. Tras varias décadas también el transbordador se «jubiló».

Las pocas misiones que se han emprendido después, en los últimos años por parte de los chinos, usan variaciones sobre los sistemas ya conocidos, por lo que aún se espera la próxima gran innovación en el transporte espacial.

COMO EN CASA

Los astronautas tienen que vivir varios días en su cápsula espacial, por lo que hay que tener en cuenta muchas cosas. Por ejemplo, la higiene: el lavabo es como una aspiradora, que absorbe los residuos al sentarse el astronauta; y en vez de ducharse tienen que usar toallitas húmedas, ya que el agua flotaría en el aire.

También es muy importante la alimentación. Para ahorrar espacio, toda la comida está deshidratada, solo hay que añadirle agua y calentarla (como en las sopas de sobre). En cuanto al sueño, duermen en sacos de dormir atados con correas para no ir flotando de aquí para allá.

Piensa que todo esto se refiere a las cápsulas más modernas. En el vuelo que realizó la conquista de la Luna, apenas tuvieron espacio para moverse y las condiciones eran aún más duras y primitivas. Por ejemplo, ¿sabías que el ordenador de a bordo era mucho menos potente que un teléfono móvil de hoy?

En definitiva, ¡seguro que los astronautas pensaron de su nave que «está bien por unos días, pero no querría vivir aquí»!

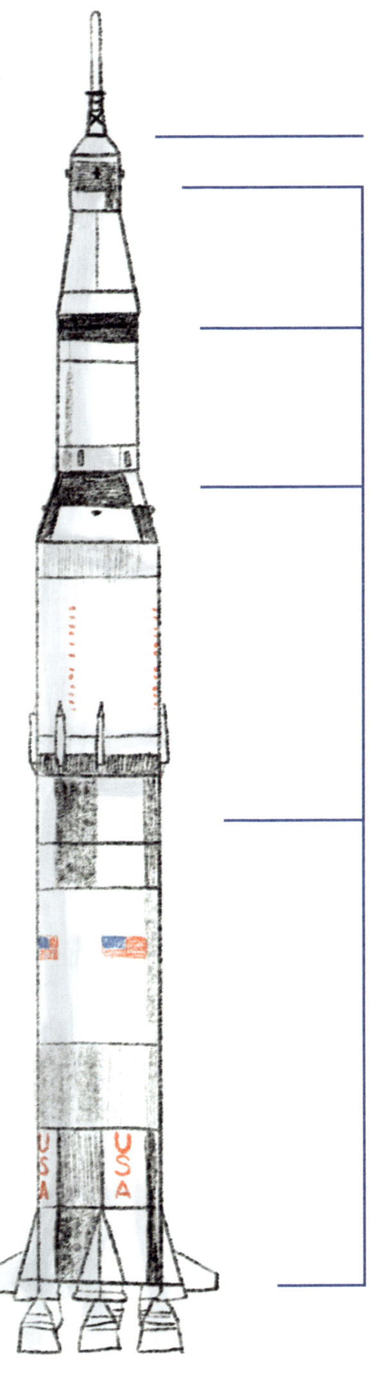
Módulo de Mando
y Servicio
Etapa 4
Etapa 3
Etapa 2
Etapa 1

CAPÍTULO 10

LA MISIÓN ESPACIAL

BUCEADORES EN LOS CIELOS

En cualquier época, los astronautas deben contarse entre las personas más preparadas que existen. La dureza de la misión obliga a estar en una forma física y mental óptima. ¡No querrías meter en una nave a alguien que se ponga nervioso con los espacios cerrados! Y tener que solucionar problemas por sí mismos (con ayuda del control de Tierra) hace que necesiten muchos conocimientos técnicos, por lo que es habitual que los astronautas tengan un par de carreras de ingeniería.

Gran parte de su entrenamiento lo pasan con el traje espacial dentro de una piscina gigantesca, que contiene una reproducción perfecta de una cápsula espacial. Bajo el agua aprenden a moverse en condiciones de gravedad menor a la de la superficie terrestre.

También pasan mucho tiempo en una centrifugadora, un aparato que simula la enorme presión del despegue y que, como mínimo, haría desmayarse a gente no preparada.

En definitiva, un astronauta no puede permitirse menos que estar en plena forma, tanto física como mentalmente, y tener grandes conocimientos. Es el precio por visitar el cielo.

EL MINUTO A MINUTO DE LA MISIÓN

16 de julio de 1969, 4:15 a. m.: La tripulación del Apolo 11 se levanta, pasa un breve examen médico y desayuna. Se ponen sus trajes.

6:26 a. m.: Van en microbús a la plataforma de lanzamiento. Un ascensor los sube hasta la entrada de la cápsula. Los técnicos los ayudan a sentarse y les conectan todos los cables.

8:32 a. m.: Lanzamiento. Sin sorpresas, todo según lo previsto.

8:43 a. m.: El Apolo 11 orbita alrededor de la Tierra a 29.000 kilómetros por hora. El cohete Saturno V lo guía no hacia donde está ahora la Luna, sino hacia donde estará cuando lleguen, tres días después.

20 de julio de 1969, 8:17 p. m.: El Apolo 11 se posa sobre la Luna.

21 de julio de 1969, 2:56 a. m.: Los astronautas Armstrong y Aldrin pisan la Luna por primera vez. Armstrong pronuncia su famosa frase: «Este es un pequeño paso para el hombre, pero un gran salto para la humanidad».

21 de julio de 1969, 10:20 a. m.: Se inicia el viaje de vuelta a la Tierra.

24 de julio de 1969, 4:50 p. m.: La nave ameriza en el océano Pacífico, tal como estaba previsto. Un barco recoge a los astronautas.

16 de julio de 1969, 9:32 a. m. El enorme vehículo espacial Apolo 11
(Nave espacial 107 / Módulo Lunar S / Saturno 506), de 194 metros
de altura, se lanza desde la plataforma A, Complejo de lanzamiento
39, del Centro Espacial Kennedy (hora de Florida).

El astronauta Edwin E. Aldrin Jr. (llamado Buzz Aldrin),
piloto del módulo lunar, posa para una fotografía junto a la bandera
de Estados Unidos desplegada durante la actividad extravehicular
del Apolo 11 en la superficie lunar. El Módulo Lunar está a la
izquierda, y las huellas de los astronautas son claramente visibles
en el suelo de la luna. El astronauta Neil A. Armstrong, comandante
de la misión, tomó esta fotografía con una cámara de superficie
lunar Hasselblad de 70 mm.

La misión del Apolo 11 dejó varios objetos simbólicos en
la superficie lunar, además de la bandera de los Estados Unidos.
¡Aquí tenéis algunos de ellos!

Una rama de olivo,
símbolo tradicional
de la paz.

Un disco de silicona, del tamaño de
una moneda, con mensajes de buena
voluntad de los jefes de estado de
muchos países.

Placa conmemorativa
del evento, firmada por
el presidente de los
Estados Unidos y los tres
astronautas de la misión.

Operación de recogida de la cápsula en el océano Pacífico.
Los tres astronautas esperan en el bote salvavidas mientras
un hombre del equipo de salvamiento cierra y asegura la escotilla
de la cápsula. La tripulación fue trasladada hasta el portaviones
Hornet, en el que iniciarían 21 días de cuarentena.

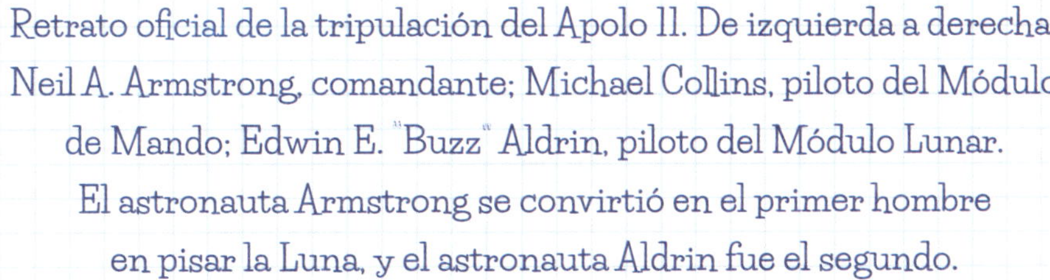

Retrato oficial de la tripulación del Apolo 11. De izquierda a derecha:
Neil A. Armstrong, comandante; Michael Collins, piloto del Módulo
de Mando; Edwin E. "Buzz" Aldrin, piloto del Módulo Lunar.
El astronauta Armstrong se convirtió en el primer hombre
en pisar la Luna, y el astronauta Aldrin fue el segundo.

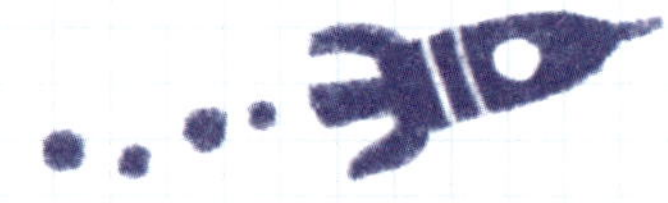

Neil A. Armstrong, Michael Collins y Edwin E. Aldrin sonrientes
dentro de la Instalación de Cuarentena Móvil a bordo del USS
Hornet, el portaviones de la Armada de los Estados Unidos
que rescató a los tres astronautas sacándolos del agua
y poniéndolos a salvo en el barco.

Escena interior de la Instalación de Cuarentena Móvil, donde los tres astronautas estuvieron unos días en cuarentena después de ser salvados del agua. Se trataba de una instalación móvil similar a un remolque que había sido producida por un fabricante de caravanas.

El presidente de los Estados Unidos, Richard Nixon, visitó a los astronautas después de su llegada. Los tres hombres se convertían en leyenda después de aterrizar con éxito por primera vez en la Luna y volver con vida.

¡CÓMO ESTÁ EL TRÁFICO!

Uno de los vehículos más destacados en las últimas misiones lunares (no en la primera) fue el Rover, un coche especial para moverse por la Luna.

El Rover viajaba plegado en la cápsula. Una vez abierto, podía ir a menos de 20 km/hora, y nunca recorrió más de 36 km seguidos por miedo a que se estropeara y los astronautas tuviesen que volver caminando. Era eléctrico y tenía una batería para cada rueda. En vez de tener cinturones de seguridad, los asientos eran de velcro: el traje se quedaba pegado.

El vehículo se hizo famosísimo en su tiempo. Y es que no solo era un milagro de la ingeniería, sino que, la verdad, molaba muchísimo. ¡Imagínate tener un coche para ir por la Luna!

Solo le faltaba el cartelito de **PAPÁ, NO CORRAS.**

LA CIENCIA, EN PAÑALES

Muchos de los principales inventos recientes fueron creados para el programa espacial, que necesitaba tener objetos más fiables y lo más ligeros posible. Alucina con algunos ejemplos: el rayo láser y el sistema GPS (el que usa tu móvil para decirte dónde estás), creados para hacer mediciones más exactas. El dentífrico moderno, tragable, para que los astronautas produjeran menos residuos. El teflón que se usa en las sartenes para que no se pegue la comida fue creado para recubrir las naves. Los pañales y las compresas modernos, hechos con el material absorbente del interior de los trajes espaciales. Las pantallas planas. Los hornos microondas para cocinar. Los termómetros digitales. Los detectores de humo. Los códigos de barras. Los marcapasos... y muchas cosas más.

Una anécdota famosa: los norteamericanos quisieron crear algo con lo que, al contrario que los bolígrafos, se pudiera escribir también boca arriba. Los soviéticos se rieron y dijeron que ellos ya lo tenían: el lápiz. Sin embargo, los rotuladores que usamos hoy aprovechan la tecnología desarrollada para los vuelos espaciales.

CAPÍTULO 11

LOS CONQUISTADORES DE LA LUNA

Hubo cientos, miles de héroes que hicieron posible la llegada a la Luna, desde el control de misión hasta cada ingeniero que ayudó a que el viaje fuera posible.

Pero solo tres personas se jugaron literalmente el físico. Habían sido seleccionados entre decenas de candidatos, y todos tenían experiencia como astronautas en misiones anteriores.

Con esta iban a pasar directamente a los libros de Historia.

NEIL A. ARMSTRONG

Desde pequeño, el sueño de Neil era volar. Con solo dieciséis años consiguió el permiso de piloto y una beca de la marina para estudiar Ingeniería, lo que lo obligó a combatir en la guerra de Corea. Después entró en la NACA, que enseguida se convirtió en la NASA.

Fue astronauta en más de una ocasión. En 1968, realizó el primer acoplamiento en el espacio, y un año después fue también el primero en pisar la Luna.

Además de su famosa frase: «Este es un pequeño paso para el hombre pero un gran salto para la humanidad», también dijo otra: «Buena suerte, señor Gorsky». Era su vecino de infancia, que siempre le decía a la madre de Neil que haría algo «cuando tu hijo camine por la Luna».

Siguió en la NASA hasta que se hizo profesor universitario y asesor de varios presidentes. Entrevistado en televisión, dijo de la Luna que «es un lugar interesante, la recomiendo».

Murió en 2012. Su familia pidió en un comunicado que «cuando veáis que la Luna os sonríe, guiñadle un ojo y pensad en Neil».

EDWIN E. *BUZZ* ALDRIN

Aldrin estaba predestinado: el apellido de soltera de su madre era Moon («Luna» en inglés). Su padre era militar y Buzz decidió seguir la misma carrera. Durante la guerra de Corea, su regimiento de pilotos batió el récord de número de aviones enemigos derribados.

Aunque ser astronauta no era su sueño, sus estudios lo condujeron a ello. Fue el primer piloto de la NASA con un doctorado, y colaboró en crear las normas de los acoplamientos de naves en el espacio. También fue responsable de crear la gran piscina en la que los futuros astronautas se entrenaban en el uso de sus trajes y aparatos en una gravedad más ligera.

En su primera misión se hizo un autorretrato famoso, considerado como «el primer selfi en el espacio». Como miembro de la misión Apolo 11, fue el segundo en pisar la Luna, tras Neil Armstrong... «y el primero en hacer pis en ella», según afirmó él mismo.

Tras su regreso, dio clases y escribió varios libros de memorias, además de obras para niños, y creó su propia fundación para promocionar la educación infantil.

MICHAEL COLLINS

Michael venía de una familia de gran vocación militar: su padre, dos tíos, un hermano y un primo ya lo eran. Nació en Roma (Italia); su padre estaba destinado en una base del ejército norteamericano.

Al estallar la Segunda Guerra Mundial, la familia volvió a los Estados Unidos y se instaló en Washington. Michael decidió muy pronto que él también seguiría la tradición familiar. Se hizo piloto de pruebas, además de especializarse en el transporte de armas nucleares, demostrando ya desde el principio su mezcla de valor y sangre fría.

Tras ver en televisión el despegue de una misión espacial, decidió que aquel sería su futuro, aunque no fue aceptado a la primera.

Si por algo es conocido Collins es porque, después de hacer todo el viaje hasta la Luna, fue el único de la tripulación que nunca la pisó: su función fue quedarse orbitando en el módulo hasta el regreso de sus compañeros Armstrong y Aldrin.

De vuelta a la Tierra, Michael siguió trabajando para la administración, hasta que decidió hacerse asesor de varias grandes empresas aeronáuticas.

VII
SCHIRRA · EISELE · CUNNINGHAM

BORMAN LOVELL ANDERS

McDIVITT · SCOTT · SCHWEICKART
USA
APOLLO IX

APOLLO
X
STAFFORD · YOUNG · CERNAN

APOLLO 11

APOLLO XII
Conrad · Gordon · Bean

APOLLO XIII
EX LUNA, SCIENTIA

APOLLO 14
Shepard
Roosa
Mitchell

APOLLO 15
SCOTT WORDEN IRWIN

APOLLO 16
YOUNG · MATTINGLY · DUKE

APOLLO · XVII
CERNAN · EVANS · SCHMITT

CAPÍTULO 12

DESPUÉS (Y MÁS ALLÁ) DE LA LUNA

LAS ÚLTIMAS MISIONES TRIPULADAS

Pocos meses después del vuelo del Apolo 11, el Apolo 12 también se posó en la Luna. Su principal objetivo era hacerse con la información que había recogido una sonda (nave no tripulada) enviada en 1967 y que aportó datos e imágenes muy importantes sobre nuestro satélite.

En 1970, el Apolo 13 fue la más dramática de todas las misiones. Durante el vuelo, se produjo un gran agujero en la nave y los astronautas empezaron a perder aire y energía, lo que hizo que muchos aparatos dejaran de funcionar. Gracias a la ayuda desde el centro de control de la misión consiguieron regresar a la Tierra, y se considera casi un milagro que no se perdiera ninguna vida. La película *Apolo 13* retrata este viaje en todo su dramatismo.

En 1972, el Apolo 17 fue la última expedición que pisó la Luna. Los astronautas batieron récords de permanencia en su superficie. Pero muchos decían que ya no tenía sentido enviar a más gente, debido al coste (ejem) astronómico de cada misión. Y, además, por increíble que parezca, solo tres años después de pisar la Luna el público pareció perder todo el interés.

SIGUIENTE OBJETIVO: MARTE

Más allá de la Luna, el interés por los logros espaciales ha seguido manteniéndose con otros proyectos.

En 1973 se puso en marcha el primer laboratorio en órbita, el Skylab, donde se realizaron toda clase de experimentos. El proyecto acabó en 1979 cuando el Skylab cayó y se estrelló en el desierto de Australia.

En 1975, dos sondas, las Viking 1 y 2, fueron las primeras que, guiadas desde la Tierra, alcanzaron la superficie de Marte y recogieron muestras. Se hicieron grandes descubrimientos, como que hay agua congelada, aunque no se encontró ningún signo de vida.

Al final de la década se estrenó una gran revolución: la lanzadera espacial, una nave reutilizable (hasta entonces, todas las cápsulas y las etapas de los cohetes quedaban destruidas tras un solo viaje). Se usó para enviar sondas al espacio y para reparar y mantener las diferentes estaciones orbitales. La lanzadera se mantuvo en funcionamiento hasta que fue retirada hace unos pocos años.

EL FUTURO DE LOS VIAJES AL ESPACIO

Al igual que el mundo de hoy es muy diferente a como era cincuenta años atrás, los viajes al espacio también cambiarán mucho.

El desarrollo de la tecnología hace cada vez más innecesario enviar personas al espacio en misiones de pocos días. En cambio, existen proyectos para construir laboratorios que orbiten en el espacio, bases en la Luna y Marte... donde astronautas y científicos puedan realizar largas estancias, al estilo de la Estación Espacial Internacional, que está en funcionamiento desde principios del siglo XXI.

Y, al igual que esta última, uno de los aspectos más interesantes es que el espacio ya no es cuestión de dos países enfrentados. Los planes futuros son también chinos, japoneses, canadienses, árabes, brasileños... muchas veces, colaborando entre ellos.

Por el momento no hay planes de ir más allá de Marte. Aún ha de encontrarse la forma de poder superar las distancias que nos separan de otros posibles destinos: por ejemplo, viajar a la estrella más cercana, con la tecnología actual, llevaría ¡18.000 años!

EXPLORANDO LAS FRONTERAS DEL SISTEMA SOLAR

Como has visto en este libro, el espacio no solo se explora enviando astronautas. De hecho, la forma más habitual de hacerlo es usando sondas, que son naves no tripuladas guiadas desde la Tierra.

Las más famosas y de mayor éxito fueron las Voyager. Se enviaron al espacio en 1975 y ya han pasado por todos los planetas (actualmente están cerca del Sol). Generan su propia energía solar, de forma que aún hoy, cuarenta años después, nos siguen enviando información. Al contrario que otras sondas, las Voyager seguirán avanzando y analizando los límites de nuestro sistema solar «mientras el cuerpo aguante».

De hecho, nadie esperaba que resistieran tanto tiempo sin estropearse o ser destruidas al chocar con meteoritos u otros elementos cósmicos. Aunque al final el desgaste será inevitable, y se calcula que hacia el 2030 dejarán de funcionar y transmitir.

Si te interesan las Voyager y su búsqueda incesante de información sobre el espacio, puede que disfrutes con la primera película de *Star Trek*, en la que se muestra un «posible» futuro de estas sondas.

¡SALUDOS, VECINOS!

A pesar de su importante misión de recoger datos, lo más conocido de las sondas Voyager es lo contrario: su capacidad de ofrecerlos.

La mayoría de los científicos están casi seguros de que no existe vida inteligente en ningún otro lugar de nuestro sistema solar. Aun así, se decidió incorporar a las Voyager unos discos con información sobre la Tierra y sus habitantes, por si «alguien» las encuentra en el espacio.

Si parece sencillo, piensa que costó muchísimo inventar una manera de dar la información deseada, cuando lo único que sabes de quienes pueden recibirla es que seguro que no hablan nuestros idiomas. Así, gran parte de la información está basada en las matemáticas, que funcionan igual en cualquier parte del universo.

Como anécdota, mientras los científicos estudiaban cómo colocar la información en los discos, uno de ellos propuso un sistema perfecto con el que cualquier extraterrestre iba a entender la información. Pero, cuando presentó el mensaje a otros científicos del mundo, ¡ni siquiera ellos entendieron lo que decía!

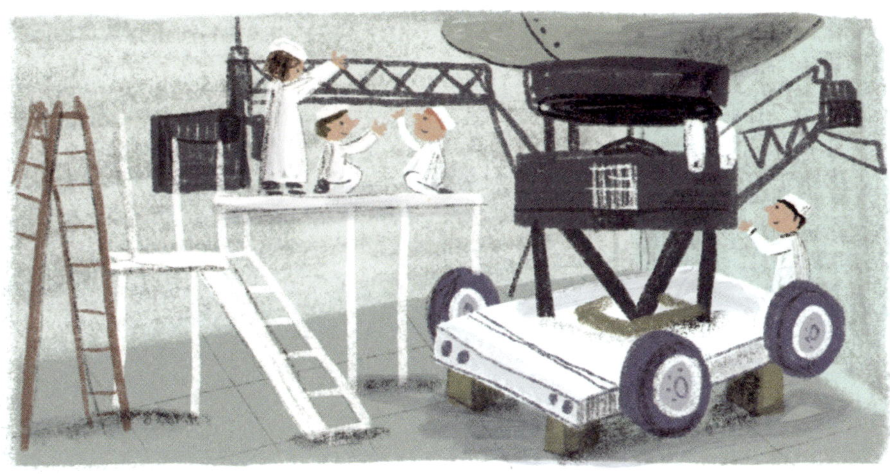

TERCERA PARTE
ADIVINANZAS
Y POEMAS

ADIVINANZAS

1

Tiene dos caras, una nunca la ves,
está llena de agujeros, y aún más que eso,
hay quienes dicen que está hecha de queso.
¡Serás toda una estrella si adivinas lo que es!

2

Me dibujan con puntas, pero soy redonda.
Me dibujan muy pequeña, pero soy gigante.
Solo salgo cuando os vais todos a dormir.
No me verás con el Sol porque me voy antes.

3

Estoy en resolver y en solucionar
y en solo; nunca en acompañado.
No estoy en triste y sí en desconsolado.
Me lleva un soldado pero no un militar.
Me ponen en solfa pero no estoy en la canción.
¡Y, si no me adivinas, estoy en la solución!

4

Dicen que parecemos de algodón,

pero solo somos agua que al cielo sube.

Nos veis mil caras si miráis con atención.

¡Si no sabes quiénes somos, estás en las _ _ _ _ _!

5

Soy la hermana pequeña,

soy como un animal de peluche,

aunque si me miras parezco una sartén

y estoy hecha de joyas, pero no tengo estuche.

Me vuelve loca la miel.

No soy voladora pero no piso la tierra

y me dicen que soy brillante

porque estoy toda hecha de estrellas.

6

Soy el jefe, soy el primero, salgo,

digo una frase brillante y bajo a caminar por la Luna.

Mi huella queda para siempre, toda la Tierra me mira.

¡Imagínate qué vergüenza si ahora tropiezo con la escalerilla!

7

A los de mi raza,

si nos sacan de casa,

es para dar un paseo

rápido o despacio.

¡Pero a mí, para dar un paseo

me mandaron al espacio!

8

Llevo anillos pero no tengo dedos.

Toda la vida alrededor del Sol ruedo.

Si alguna vez me ves en el cielo nocturno,

salúdame diciendo: «¡Hola, _ _ _ _ _ _ _!».

9

Tengo la gracia en la cola, como las abejas,

y, aunque por el espacio corro cuanto puedo,

si tú has llegado a contemplarme de niña,

cuando nos volvamos a ver serás una vieja.

10

Te llevo siempre dentro,

del vacío te protejo,

y es que sin mí, tú, astronauta,

no llegarías muy lejos.

11

Soy grande como un balón,

desde la Tierra me dan una patada

y me mandan al cielo.

Os envío información

mientras yo tranquilo vuelo.

12

Soy planta o animal, necesito agua y aire.

Solo existo en tu planeta donde estoy por todas partes.

SOLUCIONES

1. Luna. 2. Estrella. 3. Sol. 4. Nubes. 5. Osa Menor. 6. Neil Armstrong. 7. Laika (o Belka o Strelka). 8. Saturno. 9. Cometa. 10. Traje de astronauta o cápsula espacial. 11. Satélite. 12. Vida.

POEMAS

LA MEDIA LUNA

MIGUEL DE UNAMUNO

La media luna es una cuna,
¿quién la brisa?
Y el niño de la media luna,
¿qué sueños riza?
La media luna es una cuna,
¿quién la mece?
Y el niño de la media luna,
¿para quién crece?
La media luna es una cuna,
va a la luna nueva.
Y al niño de la media luna,
¿quién me lo lleva?

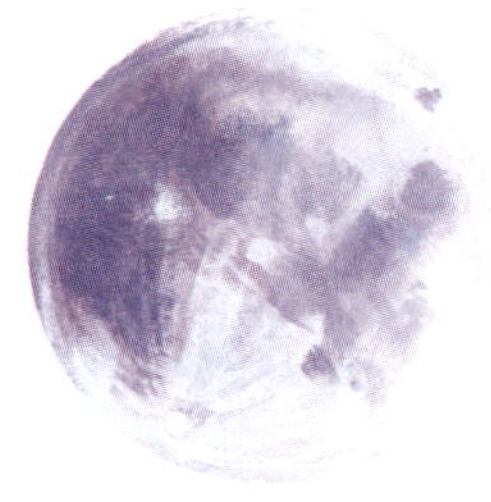

LA LUNA ES UN GLOBO

GLORIA FUERTES

La Luna es un globo
que se le escapó
a un niño bobo.

Luna, su pastora;
las nubes, ovejas.
Luna, su pastora
y pacen estrellas.

El lago es de cisnes,
de seda, la hierba,
de seda, la noche.
¡La noche es muy bella!

NOCHE

LOLA CASAS

El firmamento es un cojín de luciérnagas,
en el que la Luna se duerme
cuando llega el alba.
El cielo es una telaraña de luz
en el que la Luna es una araña
que ara sin descanso y ordenada.
El espacio es humo de lluvia de cristal,
en el que la Luna nace alegre
bien blanca y acicalada.
La tarde es partitura,
en que los astros de la noche
componen con hilo de plata
una canción inacabada.

LA BUENA LUNA

SARA TEASDALE

Creo que la Luna es muy buena
porque se preocupa mucho por mí.
vino para hacerme compañía
cuando de casa salí.

Siguió mi paso rápido;
Me pregunto cómo cruzó el cielo.
Seguro que no tiene piernas y pies.
Ni un par de alas para volar.

Y aun así, ahí está, subida a los tejados
quizá pensando que no es preciso
que me vaya tan lejos sola
aunque mamá me dio permiso.

A LA LUNA

PERCY BYSHE SHELLEY

¿Acaso estás pálida de cansancio
de escalar los cielos y contemplar el mundo,
errando sin compañía
por entre las estrellas de origen profundo
y en constante mudanza, igual que un ojo triste
que no halla objeto alguno digno de su constancia?

RECUERDO

FEDERICO GARCÍA LORCA

Doña Luna no ha salido.
Está jugando a la rueda
y ella misma se hace burla.
Luna lunera.

LA LUNA

ROBERT L. STEVENSON

Tiene la misma cara que el reloj del salón;
ilumina la tapia cuando salta el ladrón,
las calles y los campos y los muelles del puerto,
y el pájaro que duerme en el árbol del huerto.
Al gato cazador y al ratón que es su caza,
al perrazo que aúlla a la puerta de casa,
al dormilón murciélago que de día se acuna,
les encanta moverse a la luz de la luna.
Pero todos los seres que llamamos diurnos
procuran evitar sus efluvios nocturnos;
y así flores y niños se ponen a dormir
hasta que ya es de día y el sol vuelve a salir.

DOS LUNAS DE TARDE

FEDERICO GARCÍA LORCA

La Luna está muerta, muerta;
pero resucita en la primavera.
Cuando en la frente de los chopos
se rice el viento del Sur.
Cuando den nuestros corazones
su cosecha de suspiros
Cuando se pongan los tejados
sus sombreritos de yerba.
La luna está muerta, muerta;
pero resucita en la primavera.

A LA LUNA

GIANNI RODARI

No manden por favor
a la Luna a un general:
la convertiría en cuartel,
con trompeta y caporal.

Al satélite plateado
no manden a un banquero.
Lo pondría en una caja fuerte
y lo enseñaría por un buen dinero.

No manden a un ministro
con su séquito de ujieres.
Se llenarían los cráteres lunares
a rebosar de papeles.

Tiene que ser un poeta
el que en la Luna aterrice.
Siempre con la cabeza en la Luna
un poco ya la conoce.

A soñar los sueños más hermosos
ya está acostumbrado:
sabe esperar lo imposible,
incluso cuando está desesperado.

Y ahora que los sueños y las esperanzas
son reales como flores,
en la Luna y en la Tierra,
¡abran paso a soñadores!

LA LUNA

MAURICE CARÊME

¡Ah! ¡Qué disgusto!
La Luna se funde,
Y ya no es redondo
su alegre busto.

Qué gesto
más travieso.
¿Cree la noche
que es un queso?

Enflaquece,
qué aflicción:
ya es solo un cuarto
que empequeñece...

Pero sin preocupación,
casi en el hoyo
La Luna ríe
guiñando un ojo.

ASÍ ES

MARÍA ELENA WALSH

El cielo es de cielo,
la nube es de tiza.
La cara del sapo
me da mucha risa.

La Luna es de queso
y el Sol es de sol.
La cara del sapo
me da mucha tos.

CANCIÓN DE BAÑAR LA LUNA

MARÍA ELENA WALSH

Ya la Luna baja en camisón

a bañarse en un charquito con jabón.

Ya la Luna baja en tobogán

revoleando su sombrilla de azafrán.

Quien la pesque con una cañita de bambú

se la lleva a siu kiu.

Ya la Luna viene en palanquín

a robar un crisantemo del jardín.

Ya la Luna viene por allí,

su quimono dice no, no y ella sí.

Quien la pesque con una cañita de bambú

se la lleva a siu kiu.

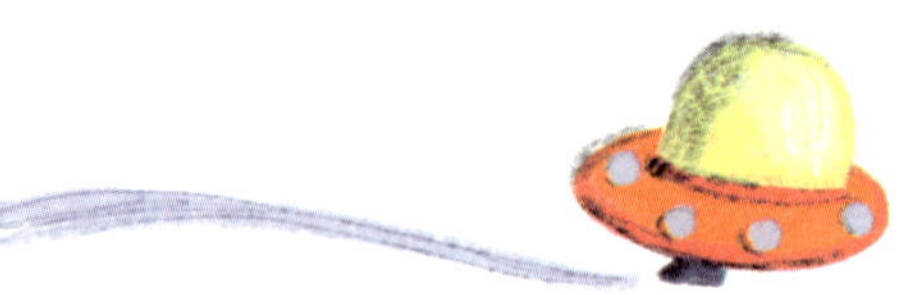

Ya la Luna baja muy feliz
a empolvarse con azúcar la nariz.
Ya la Luna en puntas de pie
en una tacita china toma té.
Quien la pesque con una cañita de bambú
se la lleva a siu kiu.

Ya la Luna vino y le dio tos
por comer con dos palitos el arroz.
Ya la Luna baja desde allá
y por el charquito-quito nadará.
Quien la pesque con una cañita de bambú
se la lleva a siu kiu.

MAMÁ, LA LUNA ESTÁ ROTA

GLORIA FUERTES

Mamá, la Luna está rota.
Hijo, no digas mentiras.
La Luna era antes redonda
Y está por medio partida.
Mamá, sabes quién la ha roto
¿quieres que te lo diga?
¿Que has sido tú, mi niño?
No, mamá, fue mi hermanita.

EN LAS NOCHES CLARAS

GLORIA FUERTES

En las noches claras,

resuelvo el problema de la soledad del ser.

Invito a la Luna y con mi sombra somos tres.

MADRE, ¿PUEDO PINTAR LA LUNA?
MARILINA RÉBORA

Madre, ¿puedo pintar la luna de escarlata?
¿O con vestido rosa, orlado de violeta?
¡Pues, noche a noche, sale insulsa y timorata,
sin nada de color que la avive, coqueta!

¿Por qué será la luna, siempre luna de plata,
camafeo de hielo, el pálido planeta,
la doncella de nieve a la que se retrata
en blanco, si pintor, o argento, si poeta?

Quisiera iluminarla con cálido amaranto,
encendidos reflejos carmín o solferino,
inventarla morena, con luminoso manto,

y no alba y exangüe, con veste de platino.
¡Quiero pintar la luna de tono colorado,
en creciente o menguante, de cara y de costado!

LA LUNA Y EL SOL

POPULAR

La reina Luna está helada.
Su manto es muy fino.
Se tapa, se arropa...
¡Nada!
El rey Sol toma sus manos,
sus manos heladas,
y le pone un manto
de piel y de lana.
La Luna sonríe
toda abrigada.

CANCIÓN ANDINA

POPULAR

El Sol es mi padre
la Luna es mi madre
y las estrellitas
son mis hermanitas.

LA LUNA CURIOSA

VICENTA GUERRA

La Luna curiosa,
se metió en el río,
y al llegar al fondo,
tiritó de frío.
Los peces de plata,
la vieron llorar.
¡Mira que ir al río sin saber nadar!
Un cangrejo grande,
la sacó del río,
vino el señor cuervo,
la llevó en su pico.
Volaba y volaba,
mientras le decía:
¡No hay que ser curiosa,
vieja amiga mía!
Cada uno en su sitio se debe quedar.
¡Mira que ir al río sin saber nadar!

LUNA LLENA

ANTONIO MACHADO

¡Luna llena, luna llena,
tan oronda, tan redonda
en esta noche serena
de marzo, panal de luz
que labran blancas abejas!

LA LUNA

EMILY DICKINSON

La Luna no era más que un dorado mentón
un par de días atrás.
Y ahora vuelve su rostro perfecto
al mundo a sus pies.

Su frente es muy pálida.
Su mejilla como una gema de berilio.
Su ojo, en verano al rocío,
lo más bonito que he conocido.

Sus labios de ámbar nunca se separan,
pero ¿cómo sería la sonrisa
que a una amiga le dedicaría
si esa fuera su voluntad de plata?

Y qué gran privilegio sería
convertirse en la estrella más remota,
porque en su órbita pasaría
por todas las puertas titilantes.

Su bonete es el firmamento.
El universo, su zapato.
Las estrellas, los abalorios de su cinturón.
Su atuendo, azul.

NOCHE DE LUNA LLENA

MIGUEL DE UNAMUNO

Noche blanca en que el agua cristalina
duerme queda en su lecho de laguna
sobre la cual redonda llena luna
que ejército de estrellas encamina

vela, y se espeja una redonda encina
en el espejo sin rizada alguna;
noche blanca en que el agua hace de cuna
de la más alta y más honda doctrina.

Es un rasgón del cielo que abrazado
tiene en sus brazos la Naturaleza;
es un rasgón del cielo que ha posado

y en el silencio de la noche reza
la oración del amante resignado
solo al amor, que es su única riqueza.

ÍNDICE

Texto: Marcelo E. Mazzanti
Ilustraciones: Judi Abbot
Diseño y maquetación: Sergi Puyol
Traducción de los poemas: Ángela Esteller
Fotografías: NASA Image and Video Library

ISBN: 978-84-17761-21-9
Código IBIC: YB
DL B 2.153-2019

© de esta edición, 2019 por Antonio Vallardi Editore S.u.r.l., Milán
Primera edición: junio de 2019
Duomo ediciones es un sello de Antonio Vallardi Editore S.u.r.l.
www.duomoediciones.com

© Maurice Carême, por el poema *La Luna*
© Lola Casas, por el poema *La nit*
© Vicenta Guerra, por el poema *La Luna curiosa*
Poema *A la Luna* de Gianni Rodari: título original *Sulla Luna*,
en *Filastrocche per tutto l'anno*.
© 1980, Maria Ferretti Rodari y Paola Rodari, Italia
© 2008, Edizioni EL S.r.l., Trieste, Italia

Impreso en Serbia
Imprenta: Grafostil

Esta editorial ha intentado contactar con los propietarios de los
derechos de todos los poemas incluidos en la presente edición.